Analyse de l'œuvre

Par Martine Petrini-Poli
et Pauline Coullet

Le Mythe de Sisyphe

d'Albert Camus

GW00472641

Rendez-vous sur lepetitlitteraire.fr et découvrez :

Plus de 1200 analyses
Claires et synthétiques
Téléchargeables en 30 secondes
À imprimer chez soi

ALBERT CAMUS

ÉCRIVAIN ET PHILOSOPHE FRANÇAIS

- **Né en 1913 à Mondovi (Algérie)**
- **Décédé en 1960 à Villeblevin (France)**
- **Quelques-unes de ses œuvres :**
  - *L'Étranger* (1942), roman
  - *Caligula* (1944) pièce de théâtre
  - *La Peste* (1947), roman

Français né en Algérie, Albert Camus n'a pas connu son père et a passé son enfance avec sa mère à Alger. Bien que ses problèmes de santé (il est atteint de la tuberculose) compliquent considérablement sa carrière universitaire, il obtiendra une licence de philosophie. Il entame ensuite une carrière de journaliste engagé (il intègre le parti communiste et travaille pour le quotidien *Alger-Républicain*), avant de partir pour Paris. Lorsque la Seconde Guerre mondiale (1939-1945) éclate, il intègre un mouvement de résistance à Paris et rencontre Jean-Paul Sartre (écrivain et philosophe français, 1905-1980), avec lequel il se lie d'amitié. À la Libération, il devient rédacteur en chef du journal résistant *Combat*, où travaille aussi Sartre.

Tout au long de sa vie, Albert Camus élabore une philosophie existentialiste de l'absurde, qui résulte du constat de l'absence de sens à la vie. Il met à profit son talent d'écrivain pour diffuser sa philosophie en publiant des romans, des essais et des pièces de théâtre. Largement admiré, parfois critiqué, Camus a trouvé un écho considérable dans le monde entier avec des œuvres comme *L'Étranger* et *La Peste*.

Il obtient le prix Nobel de littérature en 1957 « pour l'ensemble d'une œuvre qui met en lumière, avec un sérieux pénétrant les problèmes qui se posent de nos jours à la conscience des hommes » (Académie suédoise du prix Nobel). Il mourra trois ans plus tard dans un accident de voiture.

LE MYTHE DE SISYPHE

UN ESSAI SUR L'ABSURDE

- **Genre :** essai
- **Édition de référence :** *Le Mythe de Sisyphe*, Paris, Gallimard, coll. « Folio essais », 1942, 192 p.
- **1re édition :** 1942
- **Thématiques :** existentialisme, homme absurde, suicide, sens de la vie, mythologie

Le Mythe de Sisyphe est un essai sur l'absurde. Il fait partie du cycle de l'absurde, qui précède celui de la révolte, aux côtés de *L'Étranger*, qui en est la forme romanesque, ainsi que de *Caligula* et du *Malentendu*, qui en sont les formes théâtrales.

Le Mythe de Sisyphe pose la question du suicide dès lors que l'homme prend conscience de l'absurdité du monde, c'est-à-dire du fait que l'existence est dénuée de toute signification. Selon Camus, le suicide mettrait fin, sans le résoudre, à l'affrontement de l'homme et du monde. Or c'est précisément dans ce non-sens que réside la signification de l'existence.

Sisyphe, héros mythologique grec condamné à faire rouler au sommet d'une montagne un rocher qui retombe sans cesse, représente pour l'auteur l'image même de la condition humaine. Selon l'écrivain, l'homme doit dignement affronter ce destin, car il peut trouver le bonheur en apprenant à vivre l'absurde avec lucidité.

RÉSUMÉ

« Un jour seulement le pourquoi s'élève et tout commence dans cette lassitude teintée d'étonnement. » (p. 27) Camus explique qu'à cet instant, l'individu prend conscience de l'écoulement du temps, de l'étrangeté du monde, de son hostilité primitive ainsi que de l'aspect mécanique de ses gestes : il s'aperçoit que tout le monde vit en ignorant la mort. Sur le plan intellectuel, l'homme remarque qu'il est dans un scepticisme absolu quant à la connaissance du monde et de lui-même. Il en vient donc à se demander si « la vie vaut ou ne vaut pas la peine d'être vécue » (p. 15).

Alors qu'il réfléchit à l'absence de sens de la vie et au caractère insensé de l'agitation quotidienne des hommes, Camus en vient à définir l'absurde : il s'agit de la privation pour l'homme « des souvenirs d'une patrie perdue ou de l'espoir d'une terre promise. » (p. 18) À travers cette métaphore biblique de la terre promise, il sous-entend que l'homme est comme exilé de sa vraie patrie, d'un paradis perdu : il est étranger à ce qui l'entoure. L'absurde désigne donc le sentiment d'étrangeté que ressent l'homme par rapport au monde dans lequel il vit. Mais faut-il s'échapper de l'absurdité de la vie par l'espoir ou par le suicide ?

L'auteur analyse ensuite une série de philosophies existentielles qui ont attaqué la raison et se sont tournées vers une pensée religieuse : celles de Søren Kierkegaard (1813-1855), d'Edmund Husserl (1859-1938), de Lev Chestov (1866-1938), de Karl Jaspers (1883-1969) et de Martin Heidegger (1889-1976). L'auteur estime que leur point de départ est bon, mais que ces penseurs procèdent, pour finir, à ce qu'il qualifie de suicide philosophique, soit ce qu'il dit être une fuite dans le religieux. Pour le philosophe existentialiste Chestov, par exemple, la raison est vaine, mais il existe quelque chose au-delà : il préconise donc de faire un saut dans l'irrationnel. Or Camus refuse d'en arriver là et d'en appeler à un Dieu qui n'existerait que par la négation de la raison humaine.

Selon lui, le fait de chercher une signification à l'existence hors de la condition humaine rend l'homme incapable de comprendre sa liberté, puisque celle-ci lui serait donnée par un être supérieur. Plutôt que se tourner vers le religieux, l'auteur recommande la révolte. Celle-ci consiste à maintenir la fracture entre le monde et l'esprit de l'homme par une conscience lucide, toujours en éveil, qui vit l'absurde. C'est la seule position philosophique cohérente. Cette présence constante de l'homme à lui-même, cette conscience toujours tendue, exclut donc le suicide. Confronté à l'absurde, l'homme apprend qu'il n'y a pas de lendemain et qu'il est libre. Ainsi, l'absurde le pousse à réaliser la plus grande quantité d'expériences, tout en lui enseignant que toutes les expériences sont indifférentes : elles se valent toutes, puisqu'elles n'ont pas de sens.

L'absurde a trois conséquences : la passion, la liberté et la révolte. Camus privilégie donc trois attitudes qui illustrent le mode d'existence qu'il préconise :

- **le donjuanisme**. Don Juan ne croit pas au sens profond des choses : il sait que son amour est à la fois passager et singulier ;
- **la comédie**. Le comédien a le gout du présent et de la

métamorphose. Il peut, grâce à ses rôles, incarner plusieurs personnages. Il est voué à la dispersion. Il a choisi le « partout » plutôt que le « toujours » et l'éternité ;

- **la conquête**. Le conquérant ou l'aventurier sait que l'action est en elle-même inutile. En effet, rien ne dure dans une conquête, car, au bout, il y a la mort. Prométhée, qui a lutté contre les dieux, est le premier des conquérants modernes : « Oui, l'homme est sa propre fin. Et il est sa seule fin. S'il veut être quelque chose, c'est dans cette vie. » (p. 120)

L'amant, le comédien et l'aventurier jouent l'absurde : ils en sont conscients et le vivent en toute lucidité. Le créateur (l'artiste) est, quant à lui, le plus absurde des personnages.

Créer une œuvre est, selon Camus, une chance unique de maintenir sa conscience de l'univers. La joie absurde par excellence, c'est donc la création. C'est le « grand mime » (p. 130), le mime démesuré sous le masque de l'absurde. Mais la création romanesque peut offrir les mêmes ambigüités que certaines philosophies et s'échapper dans l'irrationnel. La véritable œuvre d'art est dès lors toujours à mesure humaine, elle ne prétend pas à l'éternel. La création est une école de patience et de lucidité. En effet, le témoignage de la dignité de l'homme est la révolte tenace contre sa condition, la persévérance dans un effort stérile.

Kirilov, le héros du roman *Les Possédés* (1871) de Dostoïevski (romancier russe, 1821-1881), pense que si Dieu n'existe pas, il est lui-même dieu, donc totalement libre sur cette terre. Si ce « crime métaphysique » (p. 146) suffit à l'accomplissement de l'homme, pourquoi y ajouter le suicide, demande

Camus ? En fait, Kirilov veut montrer aux hommes la voie. Pour Camus, le texte de Dostoïevski pose le problème de l'absurde, mais n'est pas pour autant une œuvre absurde puisque l'auteur russe fournit une réponse.

Selon Camus, Sisyphe est le modèle du héros absurde : « Sisyphe, revenant vers son rocher, contemple cette suite d'actions sans lien qui devient son destin, créé par lui, uni sous le regard de sa mémoire et bientôt scellé par sa mort. Il faut imaginer Sisyphe heureux. » (p. 168)

SISYPHE, LE PERSONNAGE MYTHOLOGIQUE

« Et je vis Sisyphe qui souffrait de grandes douleurs et poussait un énorme rocher avec ses deux mains. Et il s'efforçait, poussant ce rocher des mains et des pieds jusqu'au sommet d'une montagne. Et quand il était près d'en atteindre le faîte, alors la masse l'entraînait, et l'immense rocher roulait jusqu'au bas. Et il recommençait de nouveau, et la sueur coulait de ses membres, et la poussière s'élevait au-dessus de sa tête ». (HOMÈRE, L'Odyssée, chant XI, p. 284)

Telle est la description que donne Homère (poète grec, VIIIᵉ siècle av. J.-C.) de Sisyphe. Ce dernier est le fils d'Éole, roi de Thessalie, et d'Énarété. Il a eu quatre fils de la pléiade Mérope. Sisyphe a fondé Corinthe et est l'initiateur des Jeux isthmiques (en rapport à l'isthme de Corinthe). Il est connu pour son caractère rusé et fourbe et est surtout célèbre pour la peine qui lui a été réservée par les dieux après sa mort.

Sisyphe, alors qu'il se trouvait un jour en haut de la tour de guet de la citadelle de Corinthe, a été témoin de l'enlèvement de la nymphe Égine par Zeus. Lorsqu'Asopos, le dieu-fleuve et le père de celle-ci, se rend à Corinthe pour essayer de la retrouver, Sisyphe lui confie ce qu'il a vu. Plus tard, Zeus ayant échappé à la colère d'Asopos, envoie Sisyphe chez Hadès, le dieu des Enfers, pour le punir. Thanatos, la Mort, essaie de lier les mains de Sisyphe, qui prétend que les liens sont cassés. Sisyphe les fait alors essayer à Thanatos : les liens fonctionnent pourtant parfaitement, et Thanatos est enchaîné. Les morts profitent de l'occasion pour fuir, ce dont les dieux se rendent vite compte. Arès, le dieu de la guerre, est chargé de délivrer Thanatos et de livrer Sisyphe à Hadès. Sisyphe, ayant été pris, charge son épouse de ne pas recourir aux habituelles offrandes destinées aux personnes qui décèdent avant de partir dans l'au-delà. Alors qu'il était dans les Enfers, il parvint à convaincre les dieux qu'il doit retourner sur Terre le temps de sévir contre son épouse qui ne lui a fait aucune sépulture, et qu'il reviendra aussitôt cela fait. Le stratagème fonctionne, et Sisyphe ne revient pas. Les dieux attendent alors son décès pour le punir. Coupable d'avoir offensé les dieux, il est conduit au Tartare, dans les Enfers, où il est condamné à rouler un énorme rocher jusqu'à la cime d'une montagne. Mais le rocher retombe sans cesse avant qu'il n'ait atteint le sommet, contraignant Sisyphe de recommencer éternellement son labeur (SCHMIDT J., *Dictionnaire de la mythologie grecque et romaine*, p. 182).

ÉCLAIRAGES

L'INFLUENCE DES PHILOSOPHES CONTEMPORAINS

Camus écrit dans sa préface : « Il est d'une honnêteté élémentaire de marquer, pour commencer, ce que ces pages doivent à certains esprits contemporains. » (p. 11)

En effet, dans la première partie de l'œuvre, intitulée « Un raisonnement absurde », l'auteur évoque plusieurs philosophes contemporains qui ont mis à mal la raison. Que retient-il de chaque conception, lui qui a toujours affirmé qu'il n'était pas un philosophe ?

- pour Heidegger, l'homme, jeté dans l'existence, vit dans le souci et l'angoisse, car il a conscience de la mort. Cette conscience est la voix même de l'angoisse et elle adjure l'existence « de revenir elle-même de sa perte dans l'*On* anonyme » (p. 41) ;
- Jaspers, qui désespère de toute ontologie (philosophie de l'être), tente de trouver le chemin qui mène aux « divins secrets » (*ibid.*). Il tire de l'expérience de l'échec et de l'impuissance humaine « non le néant, mais l'être de la transcendance » (p. 51) ;
- Chestov démontre, quant à lui, que le rationalisme le plus universel finit par buter sur l'irrationnel de la pensée humaine. Il exalte la révolte humaine contre l'irrémédiable chez Shakespeare (dramaturge anglais, 1564-1616), Dostoïevski, Ibsen (dramaturge norvégien, 1828-1906) et Nietzsche (philosophe allemand, 1844-1900). « On

ne se retourne vers Dieu que pour obtenir l'impossible. Quant au possible, les hommes y suffisent » (p. 53), écrit Chestov. En effet, l'absurde s'assimile pour l'écrivain à Dieu. Celui-ci exige de nier la raison et de procéder à un saut dans l'irrationnel ;

- de même, Kierkegaard vit l'absurde et a fait le sacrifice de l'intellect ;
- Husserl et les phénoménologues (philosophes qui observent et décrivent objectivement les phénomènes et leur mode d'apparition) restituent quant à eux le monde dans sa diversité et nient le pouvoir transcendant de la raison. Penser, c'est réapprendre à voir en s'ouvrant à l'intuition. La phénoménologie de Husserl se refuse à expliquer le monde, elle veut seulement être une description du vécu et des phénomènes. C'est, selon Camus, le triomphe de la raison éternelle, après avoir mis à mal la raison humaine.

Ces esprits ont donc en commun leur négation de la raison humaine et leur évasion. Camus dénonce ces attitudes existentielles.

CLÉS DE LECTURE

L'ÉCRITURE D'UN ESSAI PHILOSOPHIQUE

Comme Montaigne (écrivain français, 1533-1592), Camus souhaite mêler la pensée et le flux du vécu. L'essai est en effet un genre souple qui consiste en une sorte de commentaire personnel sur un ou plusieurs thème(s) dans le(s)quel(s) la personnalité de l'auteur occupe une place centrale, assemblant ainsi écriture littéraire et réflexion philosophique.

Sous la plume de Camus, l'essai s'orne en outre des caractéristiques suivantes :

- la stylisation. « Le grand style est la stylisation invisible, c'est-à-dire incarnée » (CAMUS A., *L'Homme révolté*, p. 335), explique Camus. Il s'agit d'exprimer la réalité avec son propre style. Le style de Camus vise à atteindre une vérité grave que l'homme expérimente : en cela, il dépasse le traité philosophique abstrait. La figuration symbolique de l'homme en Sisyphe ou en Prométhée est ce que l'auteur appelle une stylisation incarnée, puisque les grands mythes incarnent une idée qui illustre son propos ;
- **la sècheresse.** Les phrases sont courtes, la ponctuation forte et le recours au présent de vérité générale fréquent (« Les conquérants savent que l'action est en elle-même inutile », p. 119). En outre, l'énumération des gestes quotidiens et répétitifs accentue l'impression de sècheresse qui se dégage de l'écriture, et met en même temps l'accent sur le rythme mécanique et absurde de l'existence

humaine : « Lever, tramway, quatre heures de bureau ou d'usine, repas, tramway... » (p. 28) ;

- **le pathétique discret.** L'auteur emploie fréquemment le « je » (« Voilà où je bute et je m'accroche », p. 121). Ce discours à la première personne du singulier oriente le lecteur vers la réflexion et la méditation à partir d'expériences vécues. À travers ce procédé, Camus cherche à toucher son lectorat, à émouvoir son public, afin de lui délivrer un message qui concerne tout homme. Pour ce faire, il recourt aussi aux oppositions marquées par les nombreuses conjonctions de coordination « mais », aux répétitions qui martèlent le texte (le mot « conquérant » est repris cinq fois sur une même page, par exemple), et aux adresses au lecteur (« Ne croyez pas cependant que je m'y complaise », *ibid.*), prenant ce dernier à partie tout en faisant preuve d'une certaine retenue.

LE MYTHE DE PROMÉTHÉE

Dans la mythologie grecque, Prométhée (qui vient de *Promêtheús*, « celui qui pense avant ») est un titan.

Prométhée et son frère Épiméthée (« celui qui pense après ») ont été désignés par les dieux pour distribuer les dons des hommes et des animaux. Épiméthée s'en occupe seul, et donne aux animaux la force, l'habilité et la rapidité. Lorsque le tour des hommes arrive, il ne leur reste plus rien. Prométhée décide alors de voler le feu pour le rapporter sur Terre : les hommes, malgré la colère de Zeus, apprennent ainsi les techniques nécessaires à leur survie et à la civilisation.

Prométhée est le protecteur des hommes. Un jour, lors du sacrifice d'un bœuf en l'honneur des dieux, il sépare l'animal en deux. D'un côté, il place les meilleurs morceaux recouverts d'abats et de peau ; de l'autre, il place les os sous une couche de graisse appétissante. Il laisse le choix à Zeus, mais celui-ci n'est pas dupe. Furieux, il punit Prométhée et cause le malheur de l'humanité en envoyant, à titre de vengeance contre les êtres humains, Pandore (la première femme).

Le châtiment de Prométhée est terrible : il est attaché, nu, sur le mont Caucase, et chaque jour, un aigle vient lui dévorer le foie qui repousse sans cesse afin d'être dévoré à nouveau.

L'EXISTENTIALISME

Le terme « existentialisme » a pour étymologie le mot « existence ». Au sens philosophique, l'existentialisme est une pensée qui place au centre de sa réflexion l'existence (le fait qu'une chose ou un être est), par opposition aux philosophies de l'essence (ce qui constitue la nature d'une chose ou d'un être indépendamment de son existence).

Au sens historique et littéraire, c'est un courant philosophique qui accorde à l'existence la supériorité sur l'essence. On l'associe souvent à l'œuvre de Jean-Paul Sartre. L'existentialisme a connu un immense succès en France entre 1943 et 1950.

Même si Camus récuse ce terme (préférant celui de « philosophie de l'absurde »), sa production est marquée par ce courant. Elle développe les thèmes dégagés par Emmanuel Mounier (philosophe français, 1905-1950) dans son *Introduction aux existentialismes* (1946), au chapitre intitulé « Conception dramatique de l'existence humaine », à savoir : l'impuissance de la raison, la contingence de l'être humain (l'homme existe de manière non nécessaire, c'est-à-dire qu'il existe, mais aurait très bien pu ne pas exister), sa fragilité, sa solitude, son aliénation, sa finitude, l'urgence de la mort et le néant.

Il faut toutefois distinguer deux types d'existentialisme : l'existentialisme chrétien de Gabriel Marcel (philosophe et écrivain français, 1889-1973) ou de Mounier, et l'existentialisme athée de Sartre. Mounier, qui a le souci de lier existence et vérité, précise qu'une « philosophie de la condition humaine est toujours, à quelque degré, une philosophie de l'essence » (MOUNIER E., *Introduction aux existentialismes*, p. 136). Il termine son essai par un chapitre titré « Le royaume de l'Être est parmi nous » dans lequel il montre que la transcendance est au cœur de l'existence : l'homme est dans un mouvement infini vers un « plus-être » inhérent à l'être. Sartre, en revanche, développe une vision de l'homme bannissant toute transcendance. Selon lui, il n'existe pas d'essence de l'individu, celui-ci n'est pas déterminé par une nature humaine. L'homme nait d'abord, il advient à l'existence pour ensuite choisir librement ce qu'il veut être : ainsi, l'homme n'est rien d'autre que son projet, l'ensemble de ses actes et de ses choix.

Camus part, quant à lui, du postulat nietzschéen de la mort

de Dieu, du *Götterdämmerung*, c'est-à-dire du « crépuscule des dieux » : « Sisyphe enseigne la fidélité supérieure qui nie les dieux et soulève les rochers. » (p. 168) Il opère, grâce à l'image mythologique, un glissement de sens entre les dieux antiques et le Dieu chrétien, d'où le refus de l'espoir, qui est subtilement lié à l'espérance chrétienne. En effet, si Dieu est mort, la religion n'est qu'une forme d'évasion, une tentative de fuite hors de l'absurde — ce qui est impossible.

L'HOMME ABSURDE

L'homme, voué à la mort et sans espoir de salut, découvre sa finitude. Ses questions ne trouvent pas de réponse et se heurtent à une nature indifférente, voire hostile. Son temps sur terre est limité à sa vie. Il doit donc compenser cette absence d'avenir par l'intensité et la quantité des expériences. C'est pourquoi son modèle est l'homme absurde qui a appris à vivre lucidement l'absurde et pour qui le temps n'existe pas, qu'il s'agisse du donjuan, de l'acteur ou du conquérant, voués à l'intensité brève de l'instant.

Pour ceux-ci, le temps est arrêté, saisi hors de l'histoire. Le présent est valorisé, car il est le lieu d'expériences multiples. Cependant, cet hédonisme n'est pas gratuit : il constitue une révolte contre l'absurdité du destin.

L'homme partage le sort des deux héros de la mythologie grecque que sont Prométhée et Sisyphe qui ont été condamnés à un châtiment pour s'être révoltés contre les dieux. À la différence du récit mythologique, le geste absurde de Sisyphe peut, pour Camus, engendrer une forme de bonheur. En effet, prenant conscience de son inéluctable destin, le héros ressent de la joie face à sa lucidité :

> « Cet univers désormais sans maître ne lui paraît ni stérile ni futile. Chacun des grains de cette pierre, chaque éclat minéral de cette montagne pleine de nuit, à lui seul, forme un monde. La lutte elle-même vers les sommets suffit à remplir un cœur d'homme. Il faut imaginer Sisyphe heureux. » (p. 168)

De même, Camus recommande aux hommes d'apprendre à vivre l'absurde, car cela peut les mener au bonheur.

LE CYCLE DE L'ABSURDE

Le cycle de l'absurde constitue une partie de l'œuvre camusienne, qui comprend le roman *L'Étranger*, l'essai *Le Mythe de Sisyphe* et les pièces de théâtre *Caligula* et *Le Malentendu*. Il déploie une réflexion sur l'absurde et l'absence de signification de la vie. Les œuvres se répondent d'une façon ou d'une autre. En effet, le rapport entre essai et récit est fondamental pour Camus. Selon lui, une œuvre de fiction ne peut pas se passer d'une pensée profonde qui l'organise. Ce lien entre philosophie et littérature est si fort que les deux domaines doivent donc s'entrecroiser.

L'Étranger et *Le Mythe de Sisyphe* explorent les fondements et les conséquences de l'absurde. Le roman n'illustre pas l'essai, mais exploite l'expérience qui y est décrite : celle du divorce entre l'homme mortel et la société. À travers le personnage principal de *L'Étranger*, Camus évoque en effet l'homme exilé, une thématique qui ouvre également *Le Mythe de Sisyphe*. Le roman donne donc tout son sens à l'essai. Sartre rapproche les deux œuvres dans son « Explication de *L'Étranger* » :

> « *L'Étranger*, paru d'abord, nous plonge sans commentaires dans le "climat" de l'absurde ; l'essai vient ensuite qui éclaire le paysage. Or l'absurde, c'est le divorce, le décalage. *L'Étranger* sera donc un roman du décalage, du divorce, du dépaysement. » (SARTRE J.-P., « Explication de *L'Étranger* », in *Situations I*, 1947, p. 93)

Le roman retrace l'histoire de Meursault, un jeune employé de bureau qui vient de perdre sa mère. Il prend peu à peu conscience que sa vie n'a pas de but, qu'il n'est qu'un rouage dans la grande machine de la société. C'est un homme réglé sur ses habitudes qui n'a pas d'ambition. Il se laisse aller au gré des évènements et devient un meurtrier par accident – il tue un homme à cause du soleil qui l'aveuglait. Abasourdi, il ne comprend pas ce qui lui arrive et ne tente jamais de se défendre, ni de sauver sa vie : il sera exécuté.

Meursault est semblable à l'homme absurde que Camus dépeint dans *Le Mythe de Sisyphe* : il est étranger à la société. C'est l'homme de l'habitude dont la journée type est la même que celle que décrit l'essai : « Lever, tramway, quatre heures de bureau ou d'usine, repas, tramway, quatre heures de travail, repas, sommeil et lundi mardi mercredi jeudi vendredi et samedi sur le même rythme, cette route se suit aisément la plupart du temps. » (p. 28).

Meursault n'essaie jamais d'échapper à cet enchainement d'évènements routiniers et absurdes, et ne s'éveillera à la conscience qu'à la fin de sa vie ; l'homme du *Mythe de*

Sisyphe, quant à lui, s'éveillera bien avant d'affronter la mort. L'accumulation qui symbolise sa journée de travail (lever, tramway, etc.) s'achève, dans l'essai, sur un mouvement de conscience : « Un jour seulement, le "pourquoi" s'élève et tout commence dans cette lassitude teintée d'étonnement. » (*ibid*.) Dans son essai, Camus évoque les hommes éveillés, qu'il s'agisse de Don Juan, du comédien, etc. Il montre, en quelque sorte, la réflexion à développer et le chemin à parcourir pour pouvoir se libérer de l'absurde.

Dans *Le Mythe de Sisyphe*, Camus évoque l'exigence de clarté que l'homme désire dans son rapport au monde. Tout notre être réclame du sens, que ce soit dans le monde ou dans la vie d'un homme : « Comprendre le monde pour un homme, c'est le réduire à l'humain, le marquer de son sceau. » (p. 32) Cependant, « cette nostalgie d'unité, cet appétit d'absolu illustre le mouvement essentiel du drame humain » (*ibid*.), puisque la vie en soi est absurde. De la même façon, dans *L'Étranger*, le tribunal tente de trouver du sens au crime commis par Meursault, de donner une cohérence à ses actes, tout comme le lecteur, alors que Meursault lui-même ne parvient pas à en donner : il n'a aucune justification, si ce n'est le soleil qui l'aveuglait. Il n'y avait pas de sens à son geste, puisque la vie est absurde, mais le tribunal ne peut entendre cette réalité, et tente donc de trouver une raison à cet acte, en vain.

À la fin du procès, Meursault est donc condamné. Cette condamnation lui permettra enfin de comprendre et de s'apaiser : ce n'est que face à la mort qu'il accepte enfin son étrangeté, et donc l'absurdité du monde. Il s'éveille donc juste avant de mourir, à l'inverse de l'homme du *Mythe de Sisyphe*, qui accepte sa condition dès lors qu'il réalise que la vie est absurde.

Le Mythe de Sisyphe, en présentant l'homme absurde, renvoie à l'histoire de Meursault dans *L'Étranger*. Mais, alors que Camus, dans son roman, développait le cas de l'homme qui ne se révolte pas et se soumet à l'absurde, il transmet dans son essai un message plus positif. Il veut montrer au lecteur l'absurde et les trois conséquences qui en découlent : la révolte, la liberté et la passion.

La révolte

Camus, à la fin du *Mythe de Sisyphe*, résume les conséquences de la prise de conscience de l'absurde : « Je tire ainsi de l'absurde trois conséquences qui sont ma révolte, ma liberté et ma passion. Par le seul jeu de la conscience, je transforme en règle de vie ce qui était invitation à la mort – et je refuse le suicide. » (p. 89)

La révolte est, selon Camus, le seul moyen de vivre dans un monde absurde. Il envisage Sisyphe heureux car il se rebelle contre les lois divines et endosse la responsabilité de son acte. Ce faisant, il s'affranchit des dieux et devient libre de vivre la destinée qu'il s'est choisie : il n'est plus condamné à porter le rocher au sommet de la montagne, mais il choisit de le faire, et devient en cela maitre de son destin. Le travail sans fin de Sisyphe représente donc la condition humaine. Chacun est libre de choisir de la subir ou non :

> « L'ouvrier d'aujourd'hui travaille, tous les jours de sa vie, aux

mêmes tâches et ce destin n'est pas moins absurde. Mais il n'est tragique qu'aux rares moments où il devient conscient. Sisyphe, [...], impuissant et révolté connaît toute l'étendue de sa misérable condition : c'est à elle qu'il pense pendant sa descente. La clairvoyance qui devait faire son tourment consomme du même coup sa victoire. » (p. 166)

Camus établit donc, dans son essai, la cause et le fonde-ment de la révolte. *Le Mythe de Sisyphe* fait donc le lien avec le cycle de la révolte, composé notamment de *La Peste* et de *L'Homme révolté*. Ce dernier essai se lit d'ailleurs comme une réponse au *Mythe de Sisyphe*. Dans *L'Homme révolté*, Camus développe une idée similaire à celle de l'essai de 1942 : sans révolte, l'homme n'est pas conscient de sa liberté. Dans cet ouvrage, l'auteur part de la visée morale de la révolte et l'ancre dans le contexte historique de son époque. L'homme est donc envisagé au sein du peuple ; il doit se révolter contre l'esclavage dans la société contemporaine. Il s'agit dès lors d'une rébellion collective qui pousse l'auteur à affirmer : « Je me révolte donc nous sommes. » (CAMUS A., *L'Homme révolté*, p. 36)

Grâce à la prise de conscience de l'absurde et à la révolte, l'homme expérimente la véritable liberté, puisqu'il voit le monde avec un œil nouveau, de façon lucide. Arrive alors la troisième conséquence, la passion : « Sentir sa vie, sa révolte, sa liberté, et le plus possible, c'est vivre et le plus possible. » (p. 87) La passion revient en effet à multiplier les expériences.

Le Mythe de Sisyphe possède donc un rôle important dans l'œuvre de Camus puisqu'il fait le lien entre le cycle de l'absurde et celui de la révolte. L'auteur utilise, pour incarner sa réflexion, les figures mythiques de Sisyphe (*Mythe de Sisyphe*) et de Prométhée (*L'Homme révolté*). L'évocation de ces deux personnages n'est pas anodine. Sisyphe incarne, dans le *Mythe de Sisyphe*, l'homme absurde, mais on le retrouve aussi dans *L'Homme révolté*, cette fois-ci pour représenter la révolte. En effet, Sisyphe et Prométhée incarnent les deux temps de la révolte : le premier, au niveau individuel, refuse la condition que lui imposent les dieux ; le second affirme, quant à lui, la cause de l'homme et encourage son affranchissement. Sisyphe est donc un personnage clé qui fait le lien entre l'absurde et la révolte.

Ainsi, Camus reprend un mythe antique et se le réapproprie pour lui donner une signification moderne, en adéquation avec ses idées. L'auteur désire, en effet, ouvrir les yeux des hommes grâce à son essai — il le rédige pendant la Seconde Guerre mondiale. Il explique dans une lettre de 1939 : « Les gens disent "c'est absurde". Après quoi ils payent leurs impôts ou mettent leur fille dans une institution religieuse. C'est qu'ils croient que tout est fini quand on dit "c'est absurde". En réalité ça ne fait que commencer. » (POLITIS H., « *Le Mythe de Sisyphe* d'Albert Camus, ou l'absurde comme outil de résistance », in *Philosopher en France sous l'Occupation : actes des journées d'études organisées à la Sorbonne*, 2000-2002, p. 225) De cette réflexion, il tirera tout son cycle de l'absurde, puis celui de la révolte. Grâce à sa philosophie de l'absurde, l'auteur veut aider les hommes à prendre conscience de l'absurde et à être libre : « Et ce que je veux en tirer [de ce postulat], c'est une certaine pensée humaine, clairvoyante, limitée dans le temps — une certaine conduite où la vie serait armée pour elle-même et non pour les rêveries à quoi elle donne prétexte. » (*ibid.*) En ce sens, Camus est un auteur humaniste, au sens moderne, qui exalte une morale de solidarité face à un monde déraisonnable.

PISTES DE RÉFLEXION

QUELQUES QUESTIONS POUR APPROFONDIR SA RÉFLEXION...

- Qu'est-ce que l'absurde, selon Camus ?
- Qu'est-ce qu'un « homme absurde » selon Camus et quelles sont ses trois postures ?
- En quoi l'écriture de l'auteur s'accorde-t-elle à son propos ?
- Quelle est la structure du *Mythe de Sisyphe* ? Commentez-la.
- Selon vous, pourquoi Camus a-t-il recours au mythe ?
- Peut-on rapprocher le sentiment d'étrangeté par rapport au monde éprouvé par l'homme chez Camus de celui ressenti par Roquentin, le protagoniste principal de *La Nausée* de Sartre (1938) ?
- Qu'est-ce qui différencie la révolte camusienne de la révolution sartrienne ?
- Peut-on qualifier la pensée de Camus de « drame de l'humanisme athée », selon le titre de l'ouvrage de Lubac (théologien jésuite français, 1896-1991) ?
- Comment *Le Mythe de Sisyphe* s'insère-t-il dans l'œuvre générale de Camus ? Avec quels autres livres de l'auteur peut-on le mettre en parallèle ?
- Pascal (mathématicien, physicien et écrivain français, 1623-1662) et Camus reconnaissent que l'expérience de la limite est inséparable de la condition humaine. Pascal impute la misère à la marque du péché originel sur l'homme, tandis que Camus accepte cette vie contingente, immanente et fragile : « L'absurde est la raison lucide qui

découvre ses limites. » Comparez leurs positions.

Votre avis nous intéresse !
Laissez un commentaire sur le site de votre librairie en ligne
et partagez vos coups de cœur sur les réseaux sociaux !

POUR ALLER PLUS LOIN

ÉDITION DE RÉFÉRENCE

- CAMUS A., *Le Mythe de Sisyphe*, Paris, Gallimard, coll. « Folio Essais », 1942.

ÉTUDES DE RÉFÉRENCE

- CAMUS A, *L'Homme révolté*, Paris, Gallimard, coll. « Folio Essais », 1951.
- COMTE-SPONVILLE A., *L'Absurde dans* Le Mythe de Sisyphe *de Camus*, Paris, Gallimard, coll. « Paroles d'aube », 1995.
- CORBIC A., *Camus : L'absurde, la révolte, l'amour*, Paris, Éditions de l'Atelier, 2003.
- GILLESPIE JOHN H, « Mythes, métaphores et métaphysique : le drame du *Mythe de Sisyphe* », in *Synergies*, n°5, 2010, p. 87-103, consulté le 2 septembre 2016.
- HOMÈRE, *L'Odyssée*, Paris, Le Livre de Poche, coll. « Les Classiques de Poche », 1974.
- LÉVI-VALENSI J., « Camus Albert », in *Encyclopædia Universalis*, consulté le 4 janvier 2017, https://www.universalis.fr/encyclopedie/albert-camus/
- MOUNIER E., *Introduction aux existentialismes*, Paris, Denoël, 1947.
- POLITIS H., « *Le Mythe de Sisyphe* d'Albert Camus, ou l'absurde comme outil de résistance », in *Philosopher en France sous l'Occupation : actes des journées d'études organisées à la Sorbonne*, 2000-2002, Olivier Bloch, Publications de la Sorbonne, 2009.
- SCHMIDT J., *Dictionnaire de la mythologie grecque et ro-*

maine, Paris, Larousse, coll. « France Loisirs », 2000.

- « Sisyphe », in *Encyclopædia Universalis*, consulté le 2 septembre 2016, https://www.universalis.fr/encyclopedie/sisyphe/

SUR LEPETITLITTÉRAIRE.FR

- Commentaire sur l'incipit de *La Peste* d'Albert Camus.
- Commentaire sur l'épilogue de *La Peste*.
- Fiche de lecture sur *Caligula* d'Albert Camus.
- Fiche de lecture sur *L'Étranger* d'Albert Camus.
- Fiche de lecture sur *La Chute* d'Albert Camus.
- Fiche de lecture sur *La Peste*.
- Fiche de lecture sur *Le Premier homme* d'Albert Camus.
- Fiche de lecture sur *Les Justes* d'Albert Camus.
- Questionnaire de lecture sur *La Peste*.
- Questionnaire de lecture sur *Les Justes*.

Retrouvez notre offre complète sur lePetitLittéraire.fr

- des fiches de lectures
- des commentaires littéraires
- des questionnaires de lecture
- des résumés

ANOUILH
- Antigone

AUSTEN
- Orgueil et Préjugés

BALZAC
- Eugénie Grandet
- Le Père Goriot
- Illusions perdues

BARJAVEL
- La Nuit des temps

BEAUMARCHAIS
- Le Mariage de Figaro

BECKETT
- En attendant Godot

BRETON
- Nadja

CAMUS
- La Peste
- Les Justes
- L'Étranger

CARRÈRE
- Limonov

CÉLINE
- Voyage au bout de la nuit

CERVANTÈS
- Don Quichotte de la Manche

CHATEAUBRIAND
- Mémoires d'outre-tombe

CHODERLOS DE LACLOS
- Les Liaisons dangereuses

CHRÉTIEN DE TROYES
- Yvain ou le Chevalier au lion

CHRISTIE
- Dix Petits Nègres

CLAUDEL
- La Petite Fille de Monsieur Linh
- Le Rapport de Brodeck

COELHO
- L'Alchimiste

CONAN DOYLE
- Le Chien des Baskerville

DAI SIJIE
- Balzac et la Petite Tailleuse chinoise

DE GAULLE
- Mémoires de guerre III. Le Salut. 1944-1946

DE VIGAN
- No et moi

DICKER
- La Vérité sur l'affaire Harry Quebert

DIDEROT
- Supplément au Voyage de Bougainville

DUMAS
- Les Trois
  Mousquetaires

ÉNARD
- Parlez-leur
  de batailles,
  de rois et
  d'éléphants

FERRARI
- Le Sermon sur la
  chute de Rome

FLAUBERT
- Madame Bovary

FRANK
- Journal
  d'Anne Frank

FRED VARGAS
- Pars vite et
  reviens tard

GARY
- La Vie devant soi

GAUDÉ
- La Mort du
  roi Tsongor
- Le Soleil des
  Scorta

GAUTIER
- La Morte
  amoureuse
- Le Capitaine
  Fracasse

GAVALDA
- 35 kilos d'espoir

GIDE
- Les
  Faux-Monnayeurs

GIONO
- Le Grand
  Troupeau
- Le Hussard
  sur le toit

GIRAUDOUX
- La guerre de
  Troie
  n'aura pas lieu

GOLDING
- Sa Majesté des
  Mouches

GRIMBERT
- Un secret

HEMINGWAY
- Le Vieil Homme
  et la Mer

HESSEL
- Indignez-vous !

HOMÈRE
- L'Odyssée

HUGO
- Le Dernier Jour
  d'un condamné
- Les Misérables
- Notre-Dame
  de Paris

HUXLEY
- Le Meilleur
  des mondes

IONESCO
- Rhinocéros
- La Cantatrice
  chauve

JARY
- Ubu roi

JENNI
- L'Art français
  de la guerre

JOFFO
- Un sac de billes

KAFKA
- La Métamorphose

KEROUAC
- Sur la route

KESSEL
- Le Lion

LARSSON
- Millenium I. Les
  hommes qui
  n'aimaient pas
  les femmes

LE CLÉZIO
- Mondo

LEVI
- Si c'est un
  homme

LEVY
- Et si c'était vrai...

MAALOUF
- Léon l'Africain

MALRAUX
- La Condition humaine

MARIVAUX
- La Double Inconstance
- Le Jeu de l'amour et du hasard

MARTINEZ
- Du domaine des murmures

MAUPASSANT
- Boule de suif
- Le Horla
- Une vie

MAURIAC
- Le Nœud de vipères

MAURIAC
- Le Sagouin

MÉRIMÉE
- Tamango
- Colomba

MERLE
- La mort est mon métier

MOLIÈRE
- Le Misanthrope
- L'Avare
- Le Bourgeois gentilhomme

MONTAIGNE
- Essais

MORPURGO
- Le Roi Arthur

MUSSET
- Lorenzaccio

MUSSO
- Que serais-je sans toi ?

NOTHOMB
- Stupeur et Tremblements

ORWELL
- La Ferme des animaux
- 1984

PAGNOL
- La Gloire de mon père

PANCOL
- Les Yeux jaunes des crocodiles

PASCAL
- Pensées

PENNAC
- Au bonheur des ogres

POE
- La Chute de la maison Usher

PROUST
- Du côté de chez Swann

QUENEAU
- Zazie dans le métro

QUIGNARD
- Tous les matins du monde

RABELAIS
- Gargantua

RACINE
- Andromaque
- Britannicus
- Phèdre

ROUSSEAU
- Confessions

ROSTAND
- Cyrano de Bergerac

ROWLING
- Harry Potter à l'école des sorciers

SAINT-EXUPÉRY
- Le Petit Prince
- Vol de nuit

SARTRE
- Huis clos
- La Nausée
- Les Mouches

SCHLINK
- Le Liseur

L'éditeur veille à la fiabilité des informations publiées, les-
quelles ne pourraient toutefois engager sa responsabilité.

www.lepetitlitteraire.fr

ISBN version numérique : 978-2-8062-5333-0
ISBN version papier : 978-2-8062-5342-2
Dépôt légal : D/2013/12603/108

Avec la collaboration de Pauline Coullet pour la biographie
de l'auteur, l'encadré sur le mythe de Prométhée ainsi que
pour les chapitres « Le cycle de l'absurde » et « La révolte »,
et avec celle d'Alexandre Randal pour l'encadré « Sisyphe,
le personnage mythologique ».

Conception numérique : Primento,
le partenaire numérique des éditeurs.

Ce titre a été réalisé avec le soutien de la Fédération
Wallonie-Bruxelles, Service général des Lettres et du Livre.

Milton Keynes UK
Ingram Content Group UK Ltd.
UKHW021310240524
443229UK00024B/251